띠아올로 띠아올로

띠알로 띠알로

정현옥 시집

작가의 말

오랫동안 껴입고 있었다
한번도 빨지 않은 그대로
함께 너덜거리던 옷
고골리의 훔친 외투를
오늘 비로소 벗어 던졌다
잘가라 희망아

2012년 봄 정헌옥

차례

—1부

—2부

—3부

나무의자

쥐똥나무 단풍나무 대추나무 감나무가
줄지어 바람을 풀어 놓는다
새들이 하늘을 물고 내려와
나무들 속에서 소리로 키워낸다
단풍나무 아래
머리칼처럼 엉성한 햇살을 만지는 노인들
쥐똥나무 하얀 꽃 성글어진 틈새로
아이들 웃음소리 쏟아진다

의자 되기 전 저 나무
산과 산 팽팽하게 떠받들고
흔들리면서 하늘을 키웠을 것이다
길과 길 사이, 아파트 숲 속으로
나무의자가 하늘을 내리고
어느 날 내 등에서는 푸른 수액이 돌았다

풍해

반쯤 벌어진 입사이로 젖은 웃음이 흐르던 기봉이는 다리를 절었는데요 마을에서 유일하게 교회를 다녔던 기봉이가 방아귀신 만나 씨름에 졌다는 소문이 절뚝이며 돌아다녔는데요 머리가 하늘에 닿는 방아귀신이 삼 세 판 하자고 했다는데요 그땐 방아귀신의 고추를 잡고 다리를 걸어 넘겨야만 한다는데요 셋째 판에서 되려 고추가 잡히는 바람에 기봉이 바보가 되었다고 했지요 그놈의 고추 때문에 장가도 못 간 기봉이, 고추 내놓고 온 마을을 쏘다니곤 했는데요 아낙네들 그 집 옆을 지날 때면 총알처럼 빨라지긴 했지만요 굵어가던 풋고추의 푸른 유혹에 너도나도 발소리를 감추고 고추밭을 드나들었다지요 고추에 독이 오르기 시작할 무렵 방아귀신에 업혀갔다는 소문만 남겨두고 기봉이 흔적도 없이 사라졌는데요 재너머 과수댁이 꼬드겨 갔다는 풍문에 다들 고맙다고도 했는데요 방아귀신 얘기처럼 잊혀진지 오랜 기봉이 일화가 절룩절룩 살아나는 건 익기도 전에 시든 올해의 고추밭 때문이 아닐런지요

홀트 서핑

소경 아버지가
파도소리를 받아먹는 바위
딸이 대신 엎어져서 볼기를 맞는다

파리똥이 새까맣게 박힌 전등불 아래서
노인이 중얼중얼 성난 파도를 달래고 있다
진양장단에 두리둥실 딸아이는
어디에서 가라앉은 것일까

귀까지 멀었는데
파도 소리는 노인의 꼬부라진 잠까지 따라와
가슴을 쥐어박는다

이랑을 헤아린다 곤장을 헤아린다
자진모리로 잦아드는 울음소리 뒤에서
떠오른 아기들, 바다를 건넌다

공동주거

함부로 허물지 마라
고개를 흔드는 붓꽃이
마당 내려설 때 헛기침하던
주인을 대신 한다
돌쩌귀 떨어져나간 정지문이
바람에 어긋난 관절을 추스른다
마루 밑 끈 떨어진 슬리퍼 한 짝은
방치가 아니라는 말
그러니까 동고동락의 증거이자 동행의 빌미다
문살에 덧붙여진 신문지에
물 맞은 대통령이야 끼지 못해도
초막의 명창 귀뚜라미의 세레나데가 있다
별채의 거미도 세 들어 산지 오래
분리주거가 되더라도
입주권을 가질 자격은 다들 갖추고 있었다
사람들이 다 쫓겨갔다 해서
이주가 끝난 것은 아니다

철거단지에서 버티는 목숨들이

포크레인과 맞서고 있다

원에 관한 소묘

두 여자가 콩을 심는다
서로에게 묻어준다
조심스레 둥글어지는 몸
때구루루 굴러
열아흐레 기울어진 달은
배가 불러오기 시작한다

온 몸에 돋은 순이 배겨
여기저기서 숨소리 터지고
둥둥 더 높이 떠오르는 달은
달을 낳아
너무 환한 밤
마녀사냥이 시작된다
누르면 두 개로 갈라지는 콩

껍데기만 맺힌 유실수有實樹엔
콩이 없다는 소문만 나풀거렸다

흉년이 든 책임을 지고
마을을 떠난 두 여자만이 콩을 까는 밤
나눠 먹은 한쪽과 한쪽이 겹치기 쉽다

만삭으로 부풀지만
상상의 달은 뒤늦게 갈라진다

잔류

겉보리 까스레기보다 더 독한
오뉴월 땡볕 속을 건넌다
"모곡요 모곡이 왔어요"
뱃사공 김씨 소리자루 풀면서 온다
그의 어깨에서 커다란 푸대가
덩달아 입을 벌린다
일 년에 두 차례 모곡으로
살림을 이루는 김씨
타작 끝나 환해진 마당,
쉰 목소리로 두드린다
상절기 뱃삯으로 거두어들인 겉보리
풍양 점박이 곡상에게 넘기고 나면
장마 진 강물보다 배가 부르다 했다

물보라 같은 허연 웃음을 자루에 짊어지고
돌아가던 그 해 여름 뒤에서
멈춰버린 배

아무도 사공을 찾지 않았지만
쇠줄에 발이 묶인 배만 물살에 이울며
오래도록 주인을 기다렸다
콘크리트 다리가 끊어버린 그의 노랫가락
보리알갱이 같은 소나기가 잇기도 했는데
땡볕은 겉보리 까스레기보다 따가웠다

오래된 둥지

비닐 씌운 지 한 달
서둘러 들깨 모종을 한다
허리가 밭고랑처럼 휘어진 어머니,
쑥쑥 잘 크라고
뒷산 뻐꾸기 소리 몇 날 담아
꾸욱 꾹 눌러준다

남의 둥지로 보내는 새끼처럼
막내딸 여의던 날
재미있게 살라고
깨가 쏟아지게 잘 살라고
비에 젖은 목소리를
꾹꾹 눌러 다지던
어머니, 들깨밭에 허리를 붙들어 맸다

자식도 모르는 그 속 오죽하겠냐
어머니 뻐꾸기 소리 잡아서

들깨밭에 다진다
들깨처럼 여물어서 작아져서
마침내 귀먹어서
멀어진 새끼들 자랑
들어주는 사람 없어도
꾸욱 꾹 밭고랑에 다진다

도라지 꽃등

도라지 꽃밭에
청보라 도라지 꽃밭에
너댓 살 계집아이가
할머니 뒤를 따라다니네
도라지 꽃잎을 꼭 틀어지고
똥꼬에 불 켜라 똥꼬에 불 켜라
한 번 또 한 번 말할 때마다
그 소리도 함께
산 너머 하늘까지 닿는다 했네

불개미 한 마리 꽃 속에 넣고
똥꼬에 불 켜라는 주문을 외면
거짓말처럼 환한 꽃등을 단다는 할머니 말씀
작은 손으로 꼭 쥐고 다녔다네
주문을 외는 아이의 얼굴에
환하게 불 밝히는 달빛을 보면
분명 거짓말은 아니었다네

도라지 꽃밭을 환한 도라지 꽃밭을
해마다 찾아오는 아이가 있네
할머니를 만나러 오는 늙은 아이가 있네
불이 켜진 꽃등을 앞세우면
덩치 큰 산 그림자도 저만치 물러선다네

카프카의 집

탄력은 돌아오지 않아
주름 제거술도 보톡스도 먹히지 않지만
탱탱했던 호시절이 있었지
깎거나 잠복하거나 선택은 하나
선호하는 청순가련형에 맞춰
낯 두꺼운 복면을 벗겨낸다

감을 깎는다
한 꺼풀 한 꺼풀 속살 드러낼 때 처럼
단내를 풍기고 싶었는지 몰라
주목하지 말고 외면하지도 마
감쪽같이 걷어내는 박피술에
폐기처분 기다리는 피질들

보기 좋은 곶감이 더 비싸다고
단념은 노화의 지름길이라 한다
발전을 거듭하는 가면무도회가 준비 되는 곳

예리하게 말해주는 칼의 집이 있다
안면몰수가 필요한 이유와 함께
변신의 절대적인 사유가 거기 있다

진눈깨비

도라산역을 앞에 두고
종점이라고 했다, 임진강역,
내리고 싶지 않았지만 내려야 했다
눅눅한 날의 짧은 여행
기차의 발바닥은 얼마나 질척거렸을까

더는 갈 수 없는 길에서
웅크렸던 겨울과 헤어지던 날
휴게실의 우동 냄비처럼 찌그러진다
건져 올린 불어터진 길들이
종점의 뒷말을 늘어뜨린다

수증기에 섞이는 뜨거운 입김처럼
긴 면발 같은 입맞춤을 하고 싶었다
온기 있는 사람 하나 품지 못한 열차가
관처럼 젖고 있을 동안
비와 눈은 온몸을 섞고 있었다

가는 것도 마는 것도 아닌 시간
비도 눈도 아닌 불분명한 순간
먼 길 달려온 계절은
막다른 길을 분간할 수 없었으리라

짧은 처마 밑에서 돌아본다
봄도 겨울도 아닌 어중간에서
열차는 이미 등을 돌려놓고 있었다
춘분이었다

얼음 콩

버선 속에서 나온 엄마의 발은 푸르딩딩하게 부어 있었다
문틈 칼바람에 윗목 호롱불이 까불대고
둥근 왕겨베개에 누워 호롱불 그을음이 바람 타고 노는 걸 바라본다

벗어던진 옷들이 문지방에 엎디어 바람을 막는다.
얼음 배긴 발이 콩 자루 속에서 자륵자륵 앓는 소리를 낸다
노랗게 살진 콩들에 얼음발이 벌건 비명을 쏟는다
낡은 광목자루 속에서 투덜대는 콩들의 소리가 울퉁불퉁하다

언 발을 콩 자루 속에 넣으면 거짓말처럼 낫는다는
재너머 할매 콩알 같은 누런 이빨이 뱉는 속설은
풀 먹인 이불 속에서 마른 콩깍지처럼 부스럭댄다
바람을 문풍지가 박수 치며 응원하는 겨울밤

노곤하게 잠이 익어 갔다

둥글어진 길을 따라

책등*

내용이 없어서 상쾌한
문자들의 무덤 같은 책장冊欌을 거닌다.
잃어버린 여행 가방에 넣어 둔 우울은
아내에게 달콤한 인생을 선물하고
도둑고양이처럼 사소한 것에 목숨 걸자
첫길에 메어둔 푸른 그네는 베니스로 가는 마지막 열
차
숨어 핀 내 사랑의 향기를 버리러 간다
세상의 저녁무늬 같은 이별이 눈앞에 있거든
지리산 눈먼 벌치기처럼
마음도 쉴만한 절벽을 찾아가라
내 고향 남쪽바다 포구에서 온 편지
외할머니와 소쩍새 물고기가 꾼 꿈
국화향이 되어 지상에 숟가락 하나 놓는다
야생초 편지는 시인을 찾아 떠나고
오래된 농담으로 그대에게 던지는 사랑의 그물
왕비의 이혼으로 집으로 가는 길에는

어제부터 내일까지 부는 바람의 노래를 들어라
세상의 저녁 천둥소리로
왼쪽 날개가 더 무거운, 새들이 하늘을 접은 저녁
등이라는 이름으로 더 분명한 족속이다
안으로는 들어가지 못하고 간판만 둘러보듯
제목만 읽는 나는

*책을 펼친 표지의 중앙 제목 부분이 있는 면.

테티스

그녀가 누워 있는 방이 젖는다
가두리를 기웃대던 파도가
온 마을을 점령한 날
고온다습한 기압골의 영향으로
바람을 찾는 남자
집이 눅눅해서 돌아오지 않는다

산기를 느낀 두꺼비도 뱀을 부르느라
부지런히 울어대는 장마철
집이 가라앉자 남자는 돌아오는 길을 잃었다
퉁퉁 불어 섬처럼 떠오른다
축축한 시야가 닫히지 않는 그녀
마침내 가라앉기 시작한다

헌집 줄게 새집 다오
그녀는 계속해서 운다

누선
–삼강주막 빗금장부

오래전에 집 나간 칠성아제처럼
여위고 마른 여우비
백일 장마 안 끝났다
곧 돌아오겠다며
담벼락에 죽죽 외상 긋고 갔다

불어난 물길 따라갔다고 했다
먼저 간 할아버지
찾으러 갔다고도 했다

오지 않는 것들이 만드는 자국
남겨진 것들의 기다림의 자취
물의 필체는 쉽게 마르지 않는다

장마철이면 할머니는 문을 닫지 않았다
밤새도록 불을 끄지 않았다. 아제가 올 거라고
죽죽 사선을 긋는 빗줄기처럼
외상 갚으러 돌아온다 했다

수직

달도 별도 없는 밤이면
아이는 학교에 간다
반겨주는 텅 빈 운동장에서
수업은 시작된다

과목은 홀로 걷기
절뚝절뚝
쳐다보는 아이는 없고
웃는 아이도 없는 10시

집에서만 노는 아이는
밤이 되어서야 집을 나선다
11시처럼 걸어서
11시 너머로
가고 싶은 것이다

그네를 미는 아이

기울어진 운동장은
그때서야 팽팽해진다
비로소 열리는 길이
12시를 가리킨다

띠알로띠알로

망초 꽃 총총한 빈터엔 한때
침을 총알처럼 튀기며
띠알로 띠알로를 하던 아재가 살았다
안방 고구마퉁가리에 달려 있던 팔 남매 따라
안 간다며 버티다 서울로 진격한 아재
무거운 발길이 돌아보던 집은 사라졌다

치매가 새치보다 먼저 들이닥치자
전쟁터에서 받은 훈장 번득이며 도망쳐 온 아재
내 집은 내가 지킨다
아비 모시러 온 자식들에게 막대 총을 쏜다
집도 없는 마당에서 킥킥대는 망초 꽃들

침 튀기는 총소리 빗발치던 빈터는
기억을 역류하는 아제의 영토
띠알로 띠알로 고향을 지키는
그의 전쟁은 끝나지 않았다

건재한 노병처럼
꽃 지고 잎 진 패전의 가을에도
막대 총을 겨눈다

술이나 한 봉세기

수세뭉텅이 같은 계집애 머리를 빗기는 할매 눈이 방금 뿌려진 물방울처럼 반짝인다 굵은 빗살에 가닥지는 머리로 또아리를 만드는, 손은 앙상해도 굳지 않았다 그 솜씨에 엮인 할배가 달아난 곳이 겨우 사랑방이란 걸 아는 사람은 다 안다

할매의 성화에 술병을 짚가리에 숨겨두던 할배는 겨울 내내 짚을 만졌다 갈보리 파종이 끝나고 시린 마루를 생쥐처럼 다닐 때면 동그란 문고리는 물 묻은 손을 갱엿처럼 좋아해 쩍쩍 달라붙는 손의 마력을 슬쩍 입증해 주었다 갈쿠리에 싹싹 껍질이 벗겨진 짚들의 가지런한 몸에서는 이따금 곧은 오기가 보이기도 했지만 중얼중얼 술기운과 둘이서 봉세기를 엮어가던 할배의 손에서는 이내 풀죽어 고분댔다 긴 시간 할매의 손매를 배운 것일까 봄이 오면 겨우내 봉세기에 담았던 할배의 말들이, 멱둥구미 통째 이집 저집으로 술잔처럼 돌려졌는데 그때마다 할배는 "술이나 한 봉세기 마셨

음 좋겠다" 며 슬쩍 값을 올리기도 했다

할배의 술집 모임은 밤을 새우지 못했고 손녀를 돌려 세운 할매는 얼굴 가득 웃음을 담아 사랑방으로 향한다 아무도 서로에게서 멀어지지 못하고 손에 깃들여진 마력을 찾아 새끼줄의 긴 노정을 더듬는다

머리카락 갈래를 따라 손녀와 대처로 나간 뒤 집 헐리던 날 미로처럼 꼬인 곳에서 찾아낸, 마흔해 전 할배의 봉세기엔 술병이 가득하다

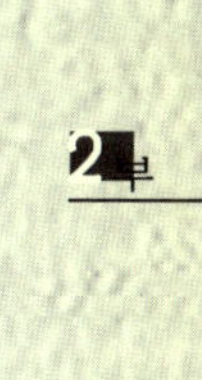
2부

품

꾹꾹 눌러담은 된장을 싼다
붉은 감잎에 장아찌를 싼다
방금 짜온 참기름과
멍석에 널어놓은 마른고추도 쓸어 담는다

투둑 모과 떨어지는 소리
담 너머 콩꼬투리 터지는 소리
평상에 앉아 노는 햇살이며
발치에서 낑낑대는 강아지 눈빛이며
배 밭에 까치소리도 남는나

열어 놓은 현관문 앞에서
늙은 보자기엔 싸놓은 것도 많은데
펼쳐놓은 가슴을 닫지 않는다
가을처럼 저무는 나를 담고
놓아 주지 않는 어머니

내가 좋아하는 그림

동쪽으로 난 창에서는
고무줄 같은 잠은 기대 할 수가 없어
실눈 속에 보이는 건
뛰며 날며 아우성치는 바람의 어지러운 흔적들
쪼그라진 엄마를 세워두고
흠뻑 젖도록 물을 주면 푸르게 피어날지도 몰라
닫아도 태어나는 양지 바른 언덕이 있으니까

엄마 가랑이에서 얼굴을 내밀면
빚쟁이 같이 찾아드는 당당한 햇살은
반짝이는 입술을 예쁘게 그려주지
탱탱한 잔소리가 늘어지다 말고
먼저 간 아버지를 찾는 엄마는 봉분처럼 부어 있어
닫히지도 다물지도 않아

불만은 언제나 터지고 싶어서
자꾸 말을 거는 그림이 눕혀지지 않아

읽고 싶은 동쪽이 커튼을 벗겨놓고
부스스한 몰골의 나를 일으키고 있어
눈 뜨기도 잠들기도 어려운 장면에서
시들시들 말라가는 나를 자꾸 깨우는 엄마
무럭무럭 자라나는 엄마를 재워 줄 시간이야

조침문

달빛에 가시를 박고
탱자나무 꽃들이 핀다

술집 색시를 태우고 왔던
자전거 바퀴는 바람이 탱탱했다
아부지의 등 뒤에 숨긴 요염한 웃음은
탱자나무 억센 가시처럼
어메의 가슴을 할퀴고 찔렀다

자전거 바퀴살이
달빛을 게워내고 있었지만
어메의 눈길은 달빛을 닫았고
문마저 걸어 잠궜다

이후부터 밤은 길어져
탱자나무 가시로 성근 문틈을 꿰메곤 했는데
아부지의 등에 박힌 웃음으로

한 땀 한 땀 긴 밤을 더듬던 길은
꽃길이 되어서야 끝이 났다

문을 열자
바람 다 빠진 아부지
꽃 진 탱자나무처럼 기다리고 있었고
나무에 기댄 녹슨 자전거는 길을 묻고 있었다

출토기

호미 끝에 바랭이 질긴 뿌리는 간데없다
산비탈 자갈밭 돌무더기는
홍천댁네 가슴에서 파낸 유물들
일곱 딸을 낳으면서 눈물로 일궜다는 이야기

새벽닭 울기 전 이삼십 리길 먼 마을
효험 있다는 샘물 길어와 장독에 올려놓고
고추 하나 점지해 달라고 치성을 드렸다지
칠 형제 둔 구호댁의 생리혈 묻은 삼베 속곳에
속살이 벗겨지기도 했다지
해산날 윗목에 옆집 총각까지 데려다 놓았지만
고추는 걸리지 않았다지

미역국 대신 눈물 한 사발 넘기고
호미 들고 나온 밭에선
바랭이보다 자갈을 더 많이 캤다는데
굵은 돌 들어낼 때마다

호미자루 빠지듯 뒤가 빠졌다는데

무디어진 호미처럼
날선 시간들 주름 속에 둥글려 묻은 흥천댁
일곱 딸 덕에
이젠 묵밭에 들어가지 않는다지

유람만 하는 흥천댁
호미질은 헛짓이 아니었다고
들무디기는 금 무더기였다고

대문니

이빨 빼면 입 다물라고
바람 들지 않게 꼭 닫으라고 했는데
허전해진 말들은 아궁이에 들기도 전 새어나갔다
그 말을 들었는지 나를 두드리던 사내가 돌아왔지만
뽑힌 이뿌리에 남아 있는 뾰족한 살기
문은 열렸어도 선뜻 들어오지 못한다
아직도 군데군데 선명한 내 이빨자국처럼
상처는 교훈을 만드는 법

아궁이 속에 문 한 쪽을 던진다
희뜩희뜩 사과 꽃을 피우는
닫힌 언어가 지워지고 있다
헌 말 줄게 새 말 다오
문이 잠시 열렸지만
강자는 함부로 살기를 드러내지 않는 법

새 이빨은 새로운 어휘로 나를 다시 열어 주겠지만

틈을 보이지 말라는 비유
때론 침묵이 더 강하다는 가르침은
이럴 때 써먹는 게 아닌지
아궁이는 사라지고 유년기도 떠난 지 오래
하얗게 빛나던 싱싱한 말들이
언제부턴지 잿빛으로 물들어 있었다

법고

어머닌 체기가 있을 때마다
어깨를 훑어내려 손끝을 땄던가
가슴을 두드리던 주먹의 힘도
가슴팍에 든 탐을 없애진 못했는지

어머닌 이불홑청 둘둘 말아 개울로 가고
머릿수건을 벗고 방망이를 두들겼다
짓누르던 응어리 때 구정물로 빠져나가고
엇나가던 방망이소리가
지붕을 두드리고 산을 흔들었다

덕숭산 수덕사 북소리 따라
장삼자락이 너울거린다
살도 내장도 핏물까지 다 내주고
껍질이 되어서야 살려낸 소리 하나
공명을 일구는 북채 두 개
질긴 살을 두드린다

더는 쌓아둘 수 없는 어머니의 가슴에서
터져 나온 묵음들이 풀어지듯
니르바나의 노을이 지고 있다

콘센트

찌릿찌릿
온몸을 휘감아 도는 전율
상대를 잘 골라야 하지만
선택권이 없으므로
때로는 다 태워버리기도 한다
한 방에 죽일 수도 있다

대체로 벽에 의지하긴 해도
너 없이 나
태어날 수 없고
나 없이 너 환해지지 않는다
이어져 있어
과부하가 걸리기도 하지만
혼자일 때 서로는 쓸모가 없다

너를 기다리지는 않는다
어느 구석, 어느 귀퉁이라 해도

잠깐의 스파크라 해도
맞잡아야 빛이 나는 생
절전의 시대 앞에서
어둠의 이유가 된다

밥술 벌기

시험장으로 아들을 밀어 넣는다

빈 논을 쓸고 가는 바람 끝
벼이삭 가득 담긴 다랑이 논이 보인다
꼬부라진 논둑을 지나고 골짜기를 돌아 암자로 든다
부처님 전에 쌀들이 키를 세운다

호마이카 상 위에서
자르륵자르륵 어머닌
귀 떨어지지 않은 쌀을 고르셨다
호롱불 아래서
시험을 보는 아들의
밥 한 그릇 쌀을 모셨다

난 부처님 하얀 쌀 위에 자꾸 절을 한다
다리가 아픈 줄도 모르고
부처님 밥상에 절을 한다

해가 기울도록 논다랑이 바람까지 안고 절을 한다

마른 콩 이파리도 비손할 무언가가 남았는지 연신
한쪽으로 고개를 주억거린다

종종거리던 두발에
논두렁의 쥐구멍이 메워져 있었다

통시

막내아재가 빠져 동네에 백설기를 돌렸던 통시가 포크레인에 힘없이 주저앉았다 귀탱이 한쪽 비바람에 내어주고도 꿋꿋하게 서 있더니 사라지고 말았다 똥통을 가로지른 발 디딤이 간들거려 온몸을 후들거리게도 했었다

정월 대보름 윷판을 빠져나간 어매는 통시에서 동생을 낳았다 핏물 범벅 흙 범벅인 갓난쟁이 광목치마로 싸안고 나온 통시에는 초가지붕에서 걷어낸 썩은 새끼줄이 널부러져 있었다 할배는 큰걸 보고 난 후에 썩은 새끼줄로 뒤를 싹싹 문질렀다

가마니때기 문에는 부고장이 꽂혀 있기도 했었는데, 그런 날은 여지없이 귀신이 나올 것 같아 어둠만 살짝 내려도 동생을 문 앞에 세워두어야만 했다 첫새벽 배를 움켜쥐고 달려간 통시에 할배의 헛기침이 쿨럭 튕겨져 나올 때도 있었는데 무안한 나보다 옆에 선 복숭

아나무 열매가 먼저 얼굴을 붉히곤 했다

—할배, 통시에 벌거지가 버글버글 하는데요
—놔둬라, 그것도 다 먹고 살려고 그러는데

이제 늙어 가지마다 잎을 다 피우지 못하고 비뚜름히
서 있던 복숭아나무도 뿌리가 뽑혀 나갔다 할배가 흙
벽돌로 지은 통시는 바글바글 집안의 내력을 어디에서
섬기고 있을까

화이트홀

노래방에서 마지막으로 달맞이꽃을 부르고나니
밤은 이미 저물고
비틀비틀 십리길 걸어오면서 흥얼거린다는 게
애인이 옛날 애인을 위해 부르던 노래라니
달 없이 달맞이 가는 흰소리 같은 시간이네

바람도 없고 바라지도 않았는데
명예로운 퇴직을 갖고 온 그에게서
흔들리는 눈빛이 울리는 종소리
문득 불을 붙이고 싶었네
시작도 끝도 축하를 하고 싶네

펄 섞인 회색샤도우 눈두덩에 바르고
눈뜬 어둠 속 붉은 입술로 부른 노래가
내일을 밝히려고 했지만
새벽은 아직 길어
그를 부르는 내 목소리는 어둡기만 하네

얼마나 기다려야 나는 꽃이 되나
달이 없어 길도 없고
노래는 끝나고 십리 길도 끝났네
언제나 길은 끝에서 시작되는 것이니
달이 없어도 길을 찾아가네

별들을 찾아서

동굴 같은 입안으로 국수를 밀어 넣다가
하늘을 본다
별은 보이지 않는다

어린 시절 모깃불에 피어오르던
마당가 생풀들의 영혼
나와 동생은 멍석에 앉아 국수를 먹었다
막내동생 오목한 입속으로 빨려들던 국수가락 끝
후루룩 별들이 따라 들까봐 고개를 젓히곤 했다

다랑이 논에 물대는 소리 마당까지 흐르고
해질녘 삶아 건진 국수가 불어터질 때쯤
논물에 찰랑찰랑 별을 담구고
돌아오시던 아버지
어느 입으로 빨려 들었을까

하늘엔 별들이 보이지 않는다

냉이여자

땅에 엉덩이 붙일 시간도 없는 그녀는
화장을 하지 않는다 아니,
할 줄 모른다 딱 한 번
연지 곤지 찍고 시집오던 날 뒤로
밭과 산을 떠돌아다니는 그녀에게
거울은 멀고 선크림도 몰랐다.
새벽시장 모퉁이 난전에서
냉이를 파는 그녀
냉이 뿌리처럼 앙상해진 그 손으로
두 번 째 화장을 한다
딸의 결혼식 앞에서
빨간 루즈를 바르는 그녀
지웠다가 다시 칠하는 손끝이
들뜬 새색시처럼 흔들린다
주름살 한고랑 뒤집으며
냉이 꽃을 피우는 그녀가
향수 보다 진한 냉이 냄새를 풍기고 있다

어머니의 그

대추나무 비켜서서
삽짝이 한눈에 보이는 자리
댓잎이 바람을 몰고 오는 소리 곁에
그는 앉아 있다

아버지 떠난 뒤
어머닌 그와 가까워지기 시작했다
우체부는 생각도 없이 가끔씩
아버지 이름이 쓰인 봉투를 그에게 주고 갔는데
전해지진 않았다

어머닌 늘상 그에게 기대어 커피를 마시고
먼 산을 바라보곤 했다
간간히 소곤거리며
그에게 늙고 작은 몸을 맡기곤 했는데
어느덧 그는 어머니 차지가 되었다
절친했던 아버진 그에게서 잊혀진 것일까

어머니는 그 새 아버지를 지웠을까

여전히 정정한 의자는
오늘도 벽에 등을 기댄 채
어머니를 기다리고 있다

개심사

부처님 얼굴도 안보고
대웅전 뒤안에서
묵은 쌀뒤주 채워진 자물통만 보고 왔다
뒤주 위에 얹힌 깨진 법고에다
손가락만 튕겼다
처마 끝 우설牛舌이 피운 연꽃을 보다가
입안에 혀만 말아 넣었다
왕벚나무 받치던 지지대가
애초부터 염불엔 뜻이 없었던 듯
가지 놓치고 떠받친 막막한 하늘만 보고 왔다

문이 없는 개심사 해우소는
늘 열려있다는 의미랄지
잠시나마 앉아 보라 했지만, 보기만 했다
마음은 이미 잿밥 앞에 앉아 있어
신발 벗고 오르라는 심검당 툇마루는
발바닥을 찌른다

절기는 바뀌었지만
꽃 피기에는 이른 봄
마음을 열기에는 아직 멀었다

영국사 은행밥

뚝뚝 설목 부러지는 소리 들으며 목숨 꺾어지는 날까지 사랑하겠노라고 남자는 바람맹세를 했는데요 그가 살고 있는 땅에는 여자에게 신호를 보내기 전에 만들어 놓은 문장들이 지워지거나 반짝이기도 해서 사랑해 사랑해를 굴리며 산사로 오르는 발자국이 천태산 등성이를 타고 쏘다니기도 했는데요 보름날 망탑에 올라 탑돌이 할 때면 둥그런 달 속으로 거친 숨소리만 걸어 들어갔었는데요 그때마다 대웅전 부처님 숨죽여 가슴 무너져 내렸었는데요 천 년 세월 견뎌낸 은행나무는 혼자 끙끙 달아올라 탱글탱글 씨알 매달았지요

불경스런 문자들 둥둥 떠다니는 산사의 경건이 곳간 차지한 새앙쥐에게 갉아 먹히자 어느 날 후두둑 못 참고 쏟아낸 은행나무 노란 눈물에서 진동한 똥냄새 마을까지 내려 왔는데요 둘레둘레 마을 사람들이 코를 틀어막고 살아도 구린내는 여전히 마을을 떠돌고 있었는데요 비 내리고 바람 불어 또 비 내리고 바람 불어

서 오만 냄새 사라지던 날에 껍질 벗은 파리한 은행밥 한 그릇 부처님 전에 올려 졌다는데요 사랑과 똥냄새의 관계에 대한 짤막한 풍문은 길게 남아 가지를 흔든다나요

말 표

컴컴한 터널이었다
마루 밑 깊숙이 달아난
검정 고무신 한 짝
길을 멈추고 싶었을까

도리깨 홍두깨 밀개 괭이에다
쇠스랑까지 동원해도
고무신은 도무지 나오려 하지 않았다
마침내 포복을 감행했다

검정과 검정이 합류한
길고도 막막한 터널 속
길을 등진 신발 한 짝
다시 만날 수 있었다

그때 다시 이어진 길은 질겨서
나는 여태껏
멈추지 않는 것이다

무문경

인사동 골동품 좌판에 놓인
놋숟가락 하나 집어든다
퍼렇게 역류하는 황동의 시간 손끝에 닿을 때
다 해진 멍석 위에 어머니를 만난다

곱게 빻은 기와가루 짚세기에 묻혀
닦고 닦던 어머니
숟가락 빛날수록 손은 검은 얼룩을 입었다

어머니의 손마디 닳을 대로 다 닳았다
나를 떠먹여 주었지만
쌀 두 되 값이 된 여자
나를 빛나게 하였지만
녹이 슨 여자, 내가 버린 여자
해진 멍석 같은 좌판에 누워 있다

단돈 만원에 놋숟가락처럼 야윈
내 어머니 모시고 온다

3부

가변차선

어미를 요양원에 버리고 왔다고
친척들이 모여 성토를 한다
첫째는 고개를 숙인 채 말이 없었고
둘째는 울기만 했다
마땅한 명분이 없었으므로
잘난 자식들 졸지에 돌상놈이 되었다
패륜이 된 10년
몇몇 어른은 떠나시고
남은 분들은 요양원으로 가셨다
요즈음 세상이 바뀌어 집보다 편하다고
법도와 실리 사이에서 요양원을 선택했다
요즘 요양원은 효성이 지극하다고
이미 자자한 소문을 따라간

복면

모터보트가 달린다
깎인 바다의 비늘들이 튀어 오른다

사내의 칼날에 깎여나가는 비늘을
벗겨지는 껍데기를 보지 못했다
아니
보지 않았다

물 잃은 아가미가 몇 번을 할딱이는지,
베어난 핏물이 어떻게 마른 수건으로 스며드는지
나는 보지 않았다

감기지 않는 생선의 눈이
나를 바라보는 것을 피할 수 없었다
그러나 뼈와 나뉘어진 살에서
바삐 들락거리는 시선

그렇게 나는 두꺼워져 갔는데
접시가 바닥을 드러내기 시작하자
보고야 말았다
나를 향해 누워있는 예리한 칼을

조용한 가방

뱉지 못한 것들이
입 속에서 엉켜있다
패인 볼에 담아둔
세월을 우물거리지만
말이 되지 않는다

버스는 가득해서
엉덩이들은 무겁다
손잡이가 높아서
더욱 무거운 노구에 대해
운전 중인 기사는 죄가 없다

터질 것 같은 입이나
꼭 다물고 있는 버스나
함부로 문을 열지 않는
침묵의 경지가 흔들린다

이 빠진 지퍼같은,
이빨도 없는데
입은 더 무거운

겹

깊고 슬픈 눈 옆구리에 새겨 넣고
모난 아픔도 둥글게 말자
살아간다는 건 둥글어지는 것
한 겹 한 겹 원을 두른다
나이테를 두른다

시계 속에서 원으로 연결되는 오늘
모난 생 둥글게 말아간다
둥근 선도 북쪽이 더 아픈 걸까 야물게
좁힌 마음이 뒷덜미를 어루만진다

한 때는 바람도 휘감고
새소리도 둥글렸었다
돌 맞은 물이
파문을 넓혀서 잠을 재우듯
옹이도 풀어내면 기쁨이 비춰질까
문신처럼 새겨진 발자국들의 둥근 굴레.

기우祈雨

푸른 장화가 흙탕물 첨벙대던 아이를 기다렸다 보드라웠던 발의 감촉을 장화 깊숙이 숨겨둔 채 아이는 구둣발 소리로 바꿔 신고 아스팔트길을 따라갔다 가끔 비오는 밤의 잠결 속으로 돌아오곤 했는데 그때마다 기억들은 빗물처럼 흘러 다녔다

매미가 날아간 허물들이 말라가고 있다 소리는커녕 바람 한 점 담지 못하는 허물이 매미소리에 잠긴다

매미도 장마도 여름도 다 갔다 흙 묻은 장화 한 켤레가 출렁출렁 거미줄에 발 냄새를 널어 말린다 아무것도 품지 못하는 허물을 두고 바람은 허물이 매미를 넓은 세상으로 떠나보낸 거라 하고 나무는 매미가 허물을 버리고 날아갔다고 우겼는데,
푸른 장화는 이제 아이의 발을 담지 못한다 아이는 너무 멀리 가버렸고 훌쩍 커 버렸다.

허공의 집

빠져 나갈 수 없는 올들을 엮어놓은 채
어디로 가는지 하루가 간다

고래심줄 같다던 인연들은
매듭짓지도 못한 채
씨줄 날줄 풀린 낡은 껍질
서쪽 하늘에 내걸었다

스타킹 올을 뜯어 먹는 굳은살은
이빨을 세워 날刀을 만들고 있었다

비가 새는 집을 열어놓고
거미는 어느 집에서 노는지
추적의 실마리는 풀리지 않는데

가을 수채화

낙엽 같은 손으로 감을 깎는다
여든이 다된 어메한테
새디기새디기 부르는 홍천할매 저문 눈에
할배가 엎어진 논다랭이가 질펀 거린다
여든 넘은 세월을 몰 듯
할매의 손에 밀려가던 칼,
서둘러 당도한 노을 때문이라지만
오늘 따라 더 붉은 감들
가다보면 길이라서
이젠 알아서 따라간다
껍질처럼 물고 늘어지는 할배가
자꾸만 눈을 가린다
처마 끝 곶감 타래가
주렁주렁 하늘을 가리는 시간
감물 든 검은 손에 들러붙는
벗겨지지 않는 어스름이 내려앉는다

적막에 사래들려

나 진작 알았다
뒷산 소나무 숲에서 진달래
발갛게 얼굴 내밀 적에
모른 척했다
그러나 멀리할 수 없다는 거
봄바람 불기 시작했다는 거

뱉어도 뱉어도
배고프지 않는 바람의 농짓거리에
한 번쯤은 꽃도 목을 꺾었으리라
끈질긴 바이러스처럼
시도 때도 없이 토해 내는 풍끼風氣

한밤중 적막에 사래들려
물 한 모금 담고 나서야
확실히 알았다
잦아드는 너를 조심해야 한다

소리도 형체도 보이지 않는 너를
제멋대로 나를 드나드는 너를

불꽃놀이

흐르는 웃음에 목을 축였다지
사내들 낡은 지갑이
불쏘시개로 타오르는 샛길 노래방
얼굴 붉히는 건 꽃물 든 손톱뿐이라지
불빛이었는지 담배 연기였는지
옆구리를 휘감은 구렁이는
가슴으로 기어가다
아예 주둥이를 묻었다는데
갈증이 깊었던 게지
엉덩이를 문지르는 어느 놈의 아랫도리에
노래가 꼬여
모니터의 문장은 더욱 빨라지더라나
세종대왕의 근엄한 표정에도 불구하고
배추이파리 같은 푸른 행렬은 이어져서
테이블에 올라 스스로를 벗기는 그녀
활활 조명등까지 태워 먹었대
목마른 마이크는 길어지고

꼬리를 흔드는 줄은 더 엉기는데
사그라질 때를 아는 여자였다지
불길이 줄어들 쯤 주섬주섬 옷을 걸치더니
그 중 맘에 드는 샛길을 골라
유유히 빠져나가더라는
그렇고 그런 얘기였어

화장터

허물어진 굴뚝 위로 연기가 솟는다

백일도 안 된 아이 백일기침으로 보내고
엿질금 삭힌 물 삼키며 젖몸살을 삭이던 여자
방구들 빠져 나가지 못한 청솔가지 연기는
허리를 휘감는 뱀이 되었고
그녀는 속이 다 탄 굴뚝이 되었다
덜 마른 나무는 왜 연기가 많은지
연기는 왜 매운 눈물을 만드는지

여름이 춥다, 쨍쨍한 햇살도 시리다
미처 타지 못하고 식어버린 아궁이에 다시 불꽃이 인
다
방구들을 끓이는 바짝 마른 장작은 화력도 좋은데
새카맣게 속이 탄 굴뚝으로 이어지는 기침 소리
매운 연기 때문이라고 했지만
무쇠 밥솥보다 먼저 끓어 넘치는 울음

마침내 아이를 찾으러 간다
검붉게 타는 불꽃 속으로

조막손

어디를 헤매고 다녔을까
수많은 산들이 등고선을 품고 있다
재물의 골짜기에 돈이 많다고 했다
수명의 개울은 길어서
기어 다닐 때까지 산다고 했는데
발이 닳도록 종종거리던 언덕길은
식은땀만 흘린다

쥐고 있던 천 원짜리 지폐는
일주일에 일주일을 더 지나
저무는 가을 숲에서 나풀댄다
능선으로 이어진 산동네
새날슈퍼 걸상에 앉아있던 할머니가
오늘도 침침한 눈으로 손금을 짚어준다
희망을 꼭꼭 쥐어주지만
아이의 점심은 아직 채워지지 않았다

아이는 희망원에서 산다
종일 숲에서 얼굴 없는 엄마를 찾으러 다닌다
움켜쥔 주먹에는 천 원짜리 희망이 남아있다
겉늙은 아이의 손엔
아무리 꼬드겨도 나를 따라오지 않는
그의 길이 새겨져 있다

굴곡

물의 파장이 이어진다
일어서는 물결을 따라 떠오르는 새는
발자국이 길어진다
저 굴곡을 쫓아가면
어느새 저만치서 노을을 만나는데
머물 곳은 보이지 않는다

유모차를 앞세운 할머니가
무거운 어깨를 지고 간다
길을 다 삼킨 언덕까지
휜 다리가 더 휘어진 길을 붙잡고 간다
사라진 파문처럼 돌아오지 않는 아이와
쌓이는 파지처럼
구겨진 기다림 사이로 길을 만들어,
언덕 위를 흐르는 강

물결지는 주름위로 날아간 종이는

한 척의 배가 되든 편지가 되든
어쨌든 도착할 것이다

송호松湖매점*

시를 미끼로
사내는 차를 판다
그가 담아주는 시는 고배
벽에 찰싹 붙어있는 시들 또한
하나같이 쓰디쓴 사랑시라서
아프거나 뜨겁거나 목이 마르게 한다

마른지 오래된 찻잔을 위해
메뉴판엔 목을 축일 차 이름은 가득한데
서정은 토해 낼 우려가 있어
오늘의 낭송도 자메이칸 블랙
취향과 다르게 설탕을 요구하는,
설탕과 사랑의 공통점은 달콤한데 있지만
사랑은 가끔 부풀리기도 해서 크림은 필수다

준비된 가계는 성업 중이고
리필되는 구구절절은 무한정이다

간질간질 노란 귓밥을 파는 적송은
저 넓은 송호에 송홧가루로 시를 쓰는데
사업도 시업만큼이나 아픈 거라고
사내는 매일 목이 붓는다

*영동 양산 유원지 소재

그 나무

예전에 너는 네모였어
그런데 네가 둥그러진 건
너를 오르내리는 다람쥐들을 위해서일 것도 같아
너 아니?
각을 가진 것들은 외로움을 많이 탄다는 걸
어쩌면 너는 모든 것을 품어 안는
둥근 하늘을 닮고 싶었는지도 몰라
넌 하늘에 닿기 위해 몸을 늘이잖아
누군가의 길이 되기로 한 이후
정을 맞기 시작한 거지
굴러먹기로 작정했던 거야
어쩌면 발바닥을 받아 주는 일
안아 준다는 뜻이기도 해
저를 위해 궁글려 온 세월에
반짝반짝 갈채를 보내는 저 햇살 좀 봐
다람쥐는 알아
너라는 쳇바퀴를

그래서 가지 못하는 거 아니겠어?
그의 나무가 그 자리를 지키듯
너는 거기 있고
그는 늘 달리지만 제자리잖아

환승을 꿈꾸며

잠에 꺾인 고개가 사내를 흔든다
지쳐버린 침이 뚝뚝 떨어져
때 절은 옷에 시간을 덧칠하는데
여자는 복권을 긁는다
노선은 쉽게 바뀌지 않는다
언 배추 속을 닮은 계집아이는
행인의 발자국을 막대사탕으로 때린다
복권 위에 지렁이처럼 꿈틀대던 숫자들이
반듯하게 죽어있는 서울역 지하도
승천을 꿈꾸던 지렁이의 비늘들이
침침한 불빛에 달라붙는다
끊어질 듯 아슬아슬한 막차가
내일에서 오늘로 넘어온다

상처

찡찡
소리가 햇살을 휙 긋는다

두 번
딱 두 번의 소리로
마음을 동강내고 간다

끊어진 햇살이
갈라진 살을 이어붙이고 있다

칡차

발은 발을 걸고 넘어진다
점점 길어지는 발처럼
멀어지거나 돌아서는 나를 향해,
영역을 넓히는 넝쿨들은 뿌리가 깊다
조심하지 않으면 올무가 된다지

똬리를 틀고 길목을 지키는 뱀은
혀를 먼저 내민다
벌어진 아가리에 뾰족한 독을 숨긴 이빨은
미리 경고를 표시해주므로
밑을 먼저 경계하라는 숲해설가

잘라낸 칡을 더 짧게 자르지만
보도블럭에 익숙한 발은
저 푸른 바닥이 수상하다
친친 감고 오르는 스멀거림은
독사였을까 넝쿨이었을까

늘 바라보기만 했던 산처럼
언제나 서성이기만 했던 여자
성큼 다가서던 사내 같은 산을
달아나듯 멀어진다

토막 난 사내가 거기 있다
소백산 입구에서 한잔의 차가 되고 있다

대작

쫄깃쫄깃한 산닭이 산다는 집
수염이 수풀 같은 사내
염소가 먹다 남긴 배추를 씻어
김장을 한다
산닭은 산 채로 두고
염소 이빨자국이 안주다
산과 마주 앉아 대작을 했던가
너 몇 잔 마셨냐
벌겋게 단풍보고 묻기도 하는데
소백산 골짜기 산닭이 사는 집에는
염소가 마루 위에서
주인을 내려다보기도 한다

점묘화

고기들이 수면의 햇살을 털자
강물에 발을 담그는 그리메를 타고
구불텅 어스름이 내렸다
투망 사이로 새버린 하루
물비늘에서 별이 되어 반짝였는데
아이들은 물속에서 고기흉내를 냈다
물속에서 별이 피어오르고
강물은 저들끼리 바위를 돌다 뒷걸음치며
상류의 소식들을 모래톱에 새겼는데
달맞이꽃처럼 피어나는
아이들 웃음으로
늦도록 강은 반짝였던 것이다

해설

마음의 토속土俗과 풍물風物의 창조

—유종인 시인•문학평론가

종종거리던 두발에
논두렁의 쥐구멍만 메워져 있다

— 〈밥술 벌기 〉중

1. 시속時俗이라는 마음의 구릉

시류時流라는 말은 유동적이다. 바야흐로 이색의 시절이 우리 앞에 놀고 있다, 때時가 살아가고 있다는 말일 터인데, 그 특색이 이만저만한 것이 아니라서, 여느(어느) 시대와의 변별점을 염두에 둔 말이기도 하겠다. 그런 말끝에 '요즘에는 하여튼' 하는 말로 작금을 개탄하고 마음에 든 옛시절과의 두동진 부분을 은연중 그리워하는 말들을 들을 때가 있다.

그런 의미에서 시류時流는, 정착되지 않고 끝없이 부유

하는, 그 행락객들로 북적이는 유원지처럼 분방하고 늙은 이들의 논밭처럼 고적하며 도심 군상들로 불야성을 이루는 밤의 활기처럼 발산하며 자기 모양새를 갖추는 '여기 오늘의 이야기' 이기도 하겠다. 저속함으로 불릴 수도 있으나, 어떤 가치평가의 가늠자 말로 되새길 필요는 없는, 당대의 흘러넘치는 이심전심以心傳心의 난장이라는 것.

시류는 그야말로 갖가지 모양새다. 궂긴 게 있고 화창한 것도 있으며, 음란한 것과 맑은 것, 음전하고 웅숭깊은 것도 있으며, 경박하여 오히려 가벼이 넘나들이 번지는 유행도 있다. 더 헤아린다는 것이 무색할 지경으로 번다하다. 그런 중에, 정현옥의 시류는, 시속이 급격하지 않은, 그리하여 아직 놓칠 수 없어, 능놀고 있는, 능놀면서 풀어낼 수밖에 없는 마음의 시속時俗/時速을 품어 묵은 듯 새뜻하다. 범박하게 말해서, 유년에서 상년에 이르는 그녀의 시적 기억은, 단순한 반추反芻의 인상만을 추수하는 서정의 형식만은 아니다. 회고라는 낭만의 무뢰배들로 우리 시는 언제나 현재의 속악한 세태를 질타했다. 아니 질타하는 듯 보이나, 그 질타를 가장한 고루한 서정의 어법 속에서 상투화돼 왔다.

옛것이 웅숭깊고 그럴 듯한 것이면 그 맥락을 오늘의 정수박이에다 서늘한 죽비를 놓는 겨를이 없을 수 없다.

버선 속에서 나온 엄마의 발은 푸르딩딩하게 부어
있었다
문틈 칼바람에 윗목호롱불이 까불대고
둥근 왕겨베개에 누워 호롱불 그을음이 바람 타고
노는 걸 바라본다

벗어던진 옷들이 문지방에 엎디어 바람을 막는다.
얼음 배긴 발이 콩 자루 속에서 자륵자륵 앓는 소
리를 낸다
노랗게 살진 콩들에 얼음발이 벌건 비명을 쏟는다
낡은 광목자루 속에서 투덜대는 콩들의 소리가 울
퉁불퉁하다

언 발을 콩 자루 속에 넣으면 거짓말처럼 낫는다는
재 너머 할매 콩알 같은 누런 이빨이 뱉는 속설은
풀 먹인 이불 속에서 마른 콩깍지처럼 부스럭댄다
바람을 문풍지가 박수 치며 응원하는 겨울밤
노곤하게 잠이 익어 갔다

— 〈얼음 콩〉 부분

속설俗說은 토속土俗이 지닌 관대한 너른 입말들이다. 속설은, 지역 공동체가 공유하는 다양한 생태적 문화적 효용의 담론談論의 가능성이다. 거기엔 논리적 구체가 결핍돼 있다는 말로 폄훼되는 패설悖說의 혐의를 지우기도 하지만, 그것은 이미 많은 사람들의 익명화된 경험과

경박한 논리로 구조화할 수 없는 감각의 직관이 상통하는 패설稗說로 더 오롯하다. '다 죽은 사람이 살아났다더라' 는 말은 믿지 않다가도 믿을 수밖에 없는 모두의 관심 화두가 되기 십상이고, '항간巷間에 떠도는' 이런 류의 말들은 다양한 테마와 요긴한 섹션들로 우리들을 위무하며 민간속설의 힘이 되기도 한다. 한마디로 떠도는 컨텐츠의 입말이다. '언 발을 콩자루 속에 넣으면 거짓말처럼 낫는다는' 속설은 그대로 토속의 시구詩句로 자연스럽게 재탄생한다. 그것은, '거짓말처럼' 이란 재래적 수사修辭에 의해 오히려 더 불가해한 효험으로 신비의 뉘앙스를 품어왔다. '거짓말' 이란 말과 '거짓말처럼' 은 그 간극이 넓고 깊다. 속설은, 그 비과학적 비논리적 언술의 맥락으로 존재하는 것이 아니라, 그 불가해함과 그 규명되지 않는 신비성神秘性으로 명맥을 이어가는 언술 전략이다. 그리하여, '거짓말처럼' 은 시적 수사가 아니라 시적 맥락이며, 속설이 가진 토속의 힘을 간명하게 규정하는 무위無爲의 힘에 대한 믿음의 원천인 셈이다. 그것은, 소박하게나마 종교적 차원으로 속설의 서사敍事를 끌어올리는 핵심어, 논리로 규명할 수 없는 초자연적 힘을 드러내는 속설의 요체, 즉 가장 자연스러운 민간의 항간경巷間經인 것이다. 비유적 수사의 단계를 훌쩍 뛰어넘는 이 속설은, 비논리적 비과학적 현상 이해의 틀을 신앙적 관점에서 보게 하는 묘한 전환의 분위기가 있다. 그것은 논리의 행위가 아니라, 일종의 토속적 신앙의 단계이면서도 오히려 비종교非宗教적이다. 콩자루 속에 언 발을 넣는 행위는, 신앙적 행위가 아니라 신비한 토속土俗적 방편으로 자연스럽다. '언 발을 콩자루 속에 넣는' 행위는 일반적으로는 비현실성에 속한다. 그런데 이걸 현실로 바꿔내는 매개는 바로 속설의 민간요법과 신비한 효과체험의 끌림이다. 이 끌림의 서사敍事가 바로 정현옥에게 있어 도시의 논리적 속성보다는 시골농촌의 공동체적 속성, 즉 토속적 요소를 배제할 수 없는 본원적인 견인牽引으로 다가온다. 그 한가운데는 폭넓은 우주적 심성으로 비유되는 모성母性이 자리잡는다. 이런 화자가 보기에 지극한 모성도 현실적인 문제, 즉 배우자의 외도에 의해 '탱자나무 억센 가시처럼/어메의 가슴을 할퀴고 찔'(《조침문》부분)러대는 상처로 드러나고, 이에 모성이기 이전에 여성으로서 '눈길은 달빛을 닫고/문마저 걸어 잠' 그는 자폐적인 성향으로 드러난다. 사랑은 그 모든 무례를 덮는 천상의 잉여물剩餘物이 아닌 모양이다. 하긴 무량無量한 우주에도 또 다른 배우자의 짝인 우주가 있다면, 그 한 우주의 외도와 불륜에 꽃차례의 미리내 같은 미소만을 띄울 리는 없을 것이다.

그럼에도 제 피붙이에 대해서만큼은 그런 사랑의 잉여, 아니 당신 자신에게는 하나도 잉여 될 수 없는 사랑의 전

폭적인 굽어봄이 그려진다.

꾹꾹 눌러담은 된장을 싼다
붉은 감잎에 장아찌를 싼다
방금 짜온 참기름과
멍석에 널어놓은 마른고추도 쓸어 담는다

투둑 모과 떨어지는 소리
담 너머 콩꼬투리 터지는 소리
평상에 앉아 노는 햇살이며
발치에서 낑낑대는 강아지 눈빛이며
배 밭에 까치소리도 담는다

열어 놓은 현관문 앞에서
늙은 보자기엔 싸놓은 것도 많은데
펼쳐놓은 가슴을 닫지 않는다
가을처럼 저무는 나를 담고
놓아 주지 않는 어머니

— 〈품〉 전문

모성이라는 가잘빌 데 없는 사랑은, 골백번 무엇이든 내주고도 끝내 '쓸어 담' 아서까지 건네주어야 하는, 당신에게는 어떠한 남김도 없는, 당신 몫의 잉여剩餘의 소진이거나 탕진을 전경화全景化하는 시도일 것이다. 그러함에도 '

나를 감싸고/놓아주지 않는' 당신의 여백은, 자못 당신을 더 깊은 울림으로 열어놓는데, 그것이 바로 자연의 '소리'와 '눈빛' 으로 바림된 시적 여운餘韻인 것이다. 강팍한 작금의 풍속의 입장에선 눈독이 더 깊어지는 이 담백하고 유현한 세계는 곧 그대로 토속土俗의 복권이면서 탈속이고, 재우쳐 돌아보면 발견할 수 있는 아름다운 통속通俗의 이미저리(imagery)들이다. 2연에서 보여지는 자연의 소박하고 평화로운 소리들과 빛깔들은 그 자체로 모성母性의 사물화된 이미지들이며 화자의 마음에 바림된 풍경의 풍속화인 셈이다. 이것은 결코 어머니가 자연에서 나온 것을 바리바리 싸줌과 함께 훼손되지 않은 자연이 은연중에 펼쳐내는 소박한 운치韻致로, 결국 어머니와 자연이 하나의 '품' 을 늡늡하게 열어놓고 있음을 본다. 화자의 눈길이, 어머니가 싸주는 물질의 마음이 주는 구체적인 사랑의 품을 보면서도 동시에 자연의 현상계가 열어주는 평화의 운치를 같이 꿰고 있음을 일별하게 된다. 마음, 즉 모성이라는 '품' 에서 싸여져 건네지는 물질의 다양성은 사랑이라는 비물질적 속성에 의해 얼마든지 더 다양하게 수용될 수 있는 자연의 잉여물인 셈이다. 자연의, 즉 토속적 잉여물이나 풍물이 그 자체로 개성적 존재와 기능을 우선으로 발현하고 작용하는 것이 아니라, 그보다 넓고 웅숭깊은 비물질적 품(성)에 의해 여러 자연의 잉여물들이 모성의 잉여들로 수습되고 대체되는 것이다. 그것이 사랑의 품이다.

2. 토속土俗의 견인과 풍속風俗의 창조

현재, 이 세속이라는 시공간은 그 어디든 갈등과 분열의 조짐들을 시약처럼 뿌려놓은 곳일 수 있다. 그런 시풍時風들은 화자의 일정한 눈길 속에 분열을 견디며 걷는 국면으로 조명된다. 가령,

> 노래방에서 마지막으로 달맞이꽃을 부르고나니
> 밤은 이미 저물고
> 비틀비틀 십리길 걸어오면서 흥얼거린다는 게
> 애인이 옛날 애인을 위해 부르던 노래라니
> 달 없이 달맞이 가는 흰소리 같은 시간이네
>
> — 〈화이트홀〉 부분

위의 시편은 화자가 일찍이 〈조침문〉에서 아버지의 외도에 대한 안타까운 시선과는 대비적으로 볼 수 있는 부분이다. 시풍은 바뀌었다. 시인과 화자를 동일시하는 문제는 차치하더라도 애정의 풍속도는 분명 그 선친(아버지)과는 다른 맥락을 낳고 있다. 여기에 조응되지 않는 관계의 결락缺落이 자리한다. 이제 화자가 보는 모든 관계의 의미는 단순히 외도外道의 유무나 도덕성의 문제로만 귀

착되지는 않는다. 그것은 어쩌면 존재의 소통과 마음의 위로라는 존재의 조건에 대한 지향으로 넓혀지기에 이른다. 노래방기계의 도움을 받아 부른 '달맞이꽃' 은 어쩌면 가상의 음률이다. 그러니까, 그 사연 있는 노래를 부르더라도 우리는 잠시 떠올릴 뿐 결국 공허해지게 이른다. 사람이 부르는 것 같지만, 결국 기계가, 프로그램이, 자본이 부르는 서정인 셈이다. 화이트홀(white hole)의 세계는 무조건적인 발산과 발악은 가능해질지언정 그 이상의 넘나들이는 요원한 일방의 세계다. 그냥 소비되는 노래일 뿐이다. 왜 울림의 공명共鳴은 없는 것일까. 즉 노래방에서 나온 화자는 왠지 허우룩한 밤길을 걸으며 '애인이 옛날 애인을 위해 부르던 노래를 막연히 떠올리게 된다. 왜 하필 그런 무반주의 흥얼거림이 주목되는 것일까. 그것은 치정의 노래가 아니라, 위로와 관심이 깃든 육성肉聲의 노래이기에 가능한 것이 아닐까. 결국 육성肉聲이란 사라지지 않는 모성母性을 이끌어내 살아가는 토속의 사랑을 거느리게 된다.

그것이 바로 밤길 저편에 있는 넘나들이가 가능한 따뜻한 '블랙홀(black hole)' 의 세계로서의 자연과 모성인 것이다. 출구를 가지고 있는 블랙홀로서의 모성적 공간을 정현옥이 버리지 못하고 견지하는 이유가 여기에 있다. 지나가버린 것으로서의 풍속이 아니라, 여전히 현실의 한

귀퉁이와 마음의 변방에 오롯이 자리잡고 있는 토속土俗은 작금 그녀가 살아가게 하는 존재의 생기生氣인 셈이다.

> 귀탱이 한쪽 비바람에 내어주고도 꿋꿋하게 서 있더니 사라지고 말았다 똥통을 가로지른 발 디딤이 간들거려 온몸을 후들거리게도 했었다
>
> 정월 대보름 윷판을 빠져나간 어매는 통시에서 동생을 낳았다 핏물 범벅 흙 범벅인 갓난쟁이 광목치마로 싸안고 나온 통시에는 초가지붕에서 걷어낸 썩은 새끼줄이 널부러져 있었다 할배는 큰걸 보고 난 후에 썩은 새끼줄로 뒤를 싹싹 문질렀다
>
> 가마니때기 문에는 부고장이 꽂혀 있기도 했었는데, 그런 날은 여지없이 귀신이 나올 것 같아 어둠만 살짝 내려도 동생을 문 앞에 세워두어야만 했다
>
> — 〈통시〉 부분

토속의 공간엔 '통시' 라고 하는 재래의 뒷간이 이채롭게 자리를 틀고 있다. 요즘말로 하면 복합문화공간에 가잘빌 수 있겠다. 단순히 대소변을 보는 것만이 아니라, 급한 '어매' 가 '핏물 범벅 흙 범벅' 의 동생을 낳아 '광목치마' 에 싸안고 나온 분만소이기도 하며, 마을의 궂긴 일이 생기면

'부고장' 이 '가마니때기 문' 에 꽂히는 전별이 닿는 비상 연락처이기도 하다. 그런데 그런 종요로운 곳이 대문간도 아니고 통시라는 뒷간 화장실인 것이다. 단순히 화장실의 기능만으로 한정할 수 없는 그런 기능들은 어디에서 기원할까. 그것은 다름 아닌 바로 '똥' 에서 번져 나온 생래적인 분위기 때문이다. 도시적 분별심은 똥오줌이 오염원에 불과하지만 시골에서는 똥오줌은 모든 숨탄것들을 살려내는, 거름의 전단계인 셈이다. 생명력의 자양분인 똥오줌들이 발효를 위해 독기를 걸러내는 곳은 어찌 보면 가장 자연스럽다. 다른 무언가로 전환되는 순환의 생기가 감도는 곳이다. 똥이 똥이 아니고 오줌이 오줌이 아닌 곳, 그곳은 고정된 형태形態가 아닌 무형無形의 다양한 변주가 가능한 웅숭깊은 자연 곡간인 셈이다. 거기서 새로운 똥과 오줌을 누고, 다급한 아이를 낳고, 궂긴 소식이 바로 전달될 수 있게 부고장訃告狀이 가마떼기 문에 꽂힌다. 그것은 통시가 갖는 흉凶이 아니라 길吉이며 누구든 넘나들 수 있게 열어놓은 맘이 거느린 몸의 공간인 셈이다. 그래서 귀신도 기웃거리는 곳이지만 때로 헛기침 한 번이면 내외의 분별이 오롯해지며 통시 앞의 '복숭아나무 열매가 먼저 얼굴을 붉히곤' 하는 정겨움이 미만彌漫한 곳이기도 하다.

그런 토속의 정서는 유년의 먼 기억에서부터 비교적 가

까운 거리의 기억, 가장 최근의 현재적 삶의 체험이 녹아든 기억에 이르기까지 다양하게 개진된다. 요즘의 도시적 시속時俗과는 현격한 거리를 둔 토속에서부터 누구나가 경험하거나 그 가능성이 있는 현재의 도시적 풍물에 이르기까지 다양하게 드러난다. 주로 과거의 경험이나 기억들로부터 삼투된 토속성은 그것이 현재적 삶의 결손된 가치를 대안代案하는 형식을 보이는 반면에, 현재적 삶 속에서 마주치는 다양한 시속時俗들은 세태世態라는 형식으로 비판적 분위기를 곁들이고 있는 게 사실이다.

어미를 요양원에 버리고 왔다고
친척들이 모여 성토를 한다
첫째는 고개를 숙인 채 말이 없었고
둘째는 울기만 했다
마땅한 명분이 없었으므로
잘난 자식들 졸지에 돌상놈이 되었다
패륜이 된 10년
몇몇 어른은 떠나시고
남은 분들은 요양원으로 갔다
요즈음 세상이 바뀌어 집보다 편하다고
법도와 실리 사이에서 요양원을 선택했다
요즘 요양원은 효성이 지극하다고
이미 자자한 소문을 따라간

— 〈가변차선〉 전문

그야말로 세속도시에 사는 우리들의 풍속도라 할 만한 이 시는, 우리의 전통윤리가 어떻게 토속土俗에서 세속世俗적 가치로 급격하게 와해되는가를 단적으로 보여준다. 그것은 '법도와 실리' 사이에서 현실적인 선택이 가해지는 작금의 현실이 갖는 아이러니를 비유적으로 적확하게 예시한다. '요즘 요양원은 효성이 지극' 한 문명의 자식으로 활유화하는 대목은 그 희화화를 넘어 어딘가 씁쓸한 노경老境을 보여주는데, 그 '가변可變' 의 노후를 형성하고 있는 것은 다름 아닌 '자자한 소문' 이라는 사실이다. 여기에 정현옥이 바라보는 작금의 세태에 대한 풍물風物의 속성, 그 한 켜를 일별하게 된다. 그것은 곧 도농都農을 포함해 우리네 삶의 생기生氣가 어떻게 다루어지고 있는가에 대한 화자의 의식과도 일정부분 관련을 맺는다. 얼마 전 '패륜悖倫' 이 얼마 후에는 '법도와 실리' 의 갈등 끝에 지극한'효성孝誠' 으로 바뀌는 시속을 그녀는 단죄할 수 없다. 그것은 단죄의 속성이 아닌 그저 새로운 풍물風物의 도래일지도 모른다. 새로운 풍물은 새로운 가치일 따름이다. 과거의 혹은 잔존하는 현재의 시각으로 단죄할 대상이 아니라 그저 선택의 대상으로 다가왔다. 그리하여 새로운 풍물과 세태는 가치의 확장이라는 보다 열린 시각을 요구한다. 새로운 완장을 찬, 아니 새로운 기능성과 현실논리를 두루 꿰찬 현실은, 시인의 기억 속에서 고정

불변의 온전한 토속土俗과는 다른 윤리와 적응논리를 부려놓는다. 그것은 정치사회적인 거대한 담론이나 사회적 이슈에 못 박혀 있지 않다. 오히려 현실 속에서 체감되는 여러 소소한 문제들로 부각된다.

> 주름 제거술도 보톡스도 먹히지 않지만
> 탱탱했던 호시절이 있었지
> 깎거나 잠복하거나 선택은 하나
> 선호하는 청순가련형에 맞춰
> 낯 두꺼운 복면을 벗겨낸다
>
> ....(중략)............
> 감쪽같이 걷어내는 박피술에
> 폐기처분 기다리는 피질들
>
> ....(중략)............
> 발전을 거닙하는 가면무도회가 준비 되는 곳
> 예리하게 말해주는 칼의 집이 있다
> 안면몰수가 필요한 이유와 함께
> 변신의 절대적인 사유가 거기 있다
>
> — 〈카프카의 칼〉 부분

피부 '박피술' 과 '안면몰수' 사이에는 아이러니가 개입된다. 젊음을 구가하는 세태는 보기에 따라서 절실하다. 그 본능적인 욕망을 위해서는 '박피술' 로 대변되는 최신 미

용수술에 대한 불가피한 믿음과 과감한 시도가 선행되어야 한다. 더불어 그걸 통해 젊고 아름다워진 얼굴을 보일 수 있다는 기대심리가 잠재돼 있다. 그러나 그런 박피술에 대한 위험을 무릅쓴 감행은 아이러니하게도 '안면몰수' 라는 의식이 선행되어야 한다고 화자는 일갈한다. 몸과 마음의 불일치를 통해서만이 여성적 아름다움을 추구하는 세태, 그런 풍속에는 분명 현대인들의 보편적 갈등의 구조가 개재돼 있다. 일시적인 마음의 몰수를 통한 외적 아름다움의 확보는, 토속적 미의식과는 일정한 거리를 두고 있다. 그럼에도 화자는 전통적인 미의식만을 대변하지 않고 오히려 더 적극적으로 세태풍속의 보편적 자아의 목소리로 말한다. '가면 무도회' 라고 '절대적인 사유가 거기에 있다고 회유한다. 풍속의 칼날은 은근하면서도 날카롭게 그 풍속을 사는 사람들의 마음을 벤다. 여기에 어떤 윤리적 잣대나 전통적 미의식의 강제가 최선일 수는 없는 것이다. 풍속은 그 자체로 당대적 삶의 자연스런 속성이기에 미풍양속이라는 도덕적 규범과는 별개의 실상實像으로 바라보게 된다. 가치판단이나 선택은 그 다음에 따라온다. 도래한 삶의 진경眞景들을 어떤 일방의 잣대로 폄훼하지만 않는 것, 오히려 당대적 보편의 자아의 목소리를 대신 들려주는 화자의 용기는 오히려 진솔한 풍속을 그리는데 일조한다.

시공간을 달리하는 모든 시속時俗들은 그 속에 사람을 품고 있다. 그것이 토속적인 패턴이든 세속도시의 풍속적 현상이든 우리는 그 안에서 태어나 그 속에서 병들고 또 죽어간다. 시간적으로 먼 거리의 토속적 삶의 기억과 또 아주 가까운 혹은 작금의 시간 속 풍속들은 서로 별개의 외딴 몸짓들만은 아니다. 한 사람의 의식과 기억 속에서 다양한 시속時俗들은 점멸을 거듭하며 여전히 생사生死를 반복한다. 서로 갈마들었다가 이내 갈등을 재연하고 어느 한편의 손을 들어주는 듯 하다가 이내 마음의 진정이 다시 반대편의 시속時俗으로 기울기도 한다. 우리 안에 들어있는 다양한 기억들, 소위 '왕년에~' 로 시작하는 모든 애틋하거나 쓸쓸한, 아득한 기억의 소산들은 현재를 문제 삼기도 하고 현재의 의미를 추인하기도 한다.

> 불쏘시개로 타오르는 샛길 노래방
> ....(중략)............
> 엉덩이를 문지르는 어느 놈의 아랫도리에
> 노래가 꼬여
> 모니터의 문장은 더욱 빨라지더라나
> 세종대왕의 근엄한 표정에도 불구하고
> 배추이파리 같은 푸른 행렬은 이어져서
> 테이블에 올라 스스로를 벗기는 그녀
> ....(중략)............
> 목마른 마이크는 길어지고
> 꼬리를 흔드는 줄은 더 엉기는데

사그라질 때를 아는 여자였다지

— 〈불꽃놀이〉 부분

어디까지가 미풍양속의 시속이고 어디까지가 퇴폐의 풍속인지, 그것을 가려야 하는 게 그녀의 시적 결단은 아닐 것이다. 살아가는 일의 속절없음과 살아가야 하는 당위의 가치들을 다 포기할 수도 없을 것이다. 시인에게는 개성적인 수사修辭의 체위나 독특한 문법文法보다는 지극한 삶의 품(성)을 어떻게 시적 현실과 결부시켜 나름 존재의 서정을 유지해 가느냐가 더 갈급해 보인다. 그러기에 그의 시는 샛길 노래방인지 노래방의 샛길(탈선)인지가 그리 중요하지가 않다. 오히려 그런 현실의 풍속을 거부하지 않고 늠연히 응시할 수 있는 보다 유연한 심성과 객관적 시각이 더 중요해 보인다. '세종대왕의 빳빳한 행렬에/ 테이블에 올라 스스로를 벗기는 그녀' 들의 풍속을 시의 품으로 받아들이는 것, 퇴폐냐 관용적 풍속이냐로 양분하여 분별하지 않고 읽어내는 것, 여기에 그녀의 시적 생장점生長點이 있다. 가치 이전의 관심으로 보아내는 당대 현실의 풍속風俗은 시인을 키웠던 토속土俗적 성장과정과 대척적인 실랑이를 할 필요가 없다. 아니 그걸 거부하지 않더라도, 이제 시인은 자신을 키웠던 토속의 경험과

잔존의 기억들을 보다 근원적인 정신의 질료나 매질로 삼아야 하는 시기에 도달해가고 있어 보인다. 추억과 기억의 복고주의復古主義로 토속土俗의 세계를 다루기에는 생기生氣의 파장이 일천하고 당대와 미래를 헤쳐갈 시적 변전變轉의 추동력이 약해질 수밖에 없다. 정현옥이 애써 오롯하게 마음의 구릉을 일으켜 펼쳐 보인 습습하고 절실한 토속의 세계는 결코 '잊혀질 수 없는 기억의 풍경' 만을 예시해서는 안 된다. 그것은 시공간의 한계를 뛰어넘어 시인의 어머니가, 아니 시인의 어머니의 어머니의 어머니가 끝없이 내리사랑으로 전해준 우주적 모성母性과 자연의 일부인 인간의 풍속적 초상肖像을 깨닫는데 먼저 받쳐져야 한다. 그것은 애틋한 그리움의 원천으로써만이 아니다. 현재와 미래, 살아갈 모든 날들의 '잊혀지지 품성의 유연성' 으로서의 토속성土俗性을 현재화하고 내면화하는데 있다. 갱신이 되지 않는 토속은 고물古物의 회고담일 수밖에 없다.

근본적으로 모든 시대의 다양한 시속들은 하나의 시속이고, 그 시속의 연장선상에 현재의 삶은 얹혀져 있다. 넘나들이로 '그때' 와 '지금' 이 서로 양가성兩價性, (ambivalence)을 가지고 손겪이하듯 갈마들고 변주해내지 않으면 예전의 시속時俗은 시르죽고 말 것이다. 정현옥에게 옛 토속의 정서가 완연하고 중요한 것은 현재의 풍속을 단순히 비판하고 복고적 공동체의 아우라와 모성의 지극함만을 추수하기 위해서는 아닐 것이다. 그녀에게 더 종요로운 것은 공동체적 아우라의 정서와 모성의 지극함이 현재의 풍속과 어떤 경로를 통해 갈등하고 융합融合하는 시적 활로活路를 부려내느냐 하는 점이다. 그러기에 그녀는 이미 사라졌을지도 모를, 아니면 소멸의 벼룻길을 얼마 남겨놓지 않은 토속을 시적 화수분으로, 판도라의 상자로 원용하고 리모델링하는 구원투수가 되어야 한다. 선발 라인업들이 다양한 구종球種의 시적 패러다임을 보이며 화려하게 승부하고 또 패배해가는 사이에, 시인은 오롯하게 그녀를 있게 한 토속의 구종을 다양한 구질球質로 분절分節하고 또 추슬러내는 오기와 오지랖을 가질 수밖에 없다. 순수와 혼탁의 한가운데, 우리는 혼돈을 하나의 정체성처럼 받아들이며 풍속을 열어나가고 있다.

동굴 같은 입안으로 국수를 밀어 넣다가
하늘을 본다
별은 보이지 않는다

어린 시절 모깃불에 피어오르던
마당가 생풀들의 영혼
나와 동생은 멍석에 앉아 국수를 먹었다
막내 동생 오목한 입속으로 빨려들던 국수가락
끝

후루룩 별들이 따라 들까봐 고개를 젖히곤 했다

다랑이 논에 물대는 소리 마당까지 흐르고
해질녘 삶아 건진 국수가 불어터질 때쯤
논물에 찰랑찰랑 별을 담구고
돌아오시던 아버지
어느 입으로 빨려 들었을까

하늘엔 별들이 보이지 않는다

— 〈별을 찾아서〉 전문

아마 쉽게 읽힐 수는 있어도 쉽게 흘려버릴 수 없는, '생풀들의 영혼'이 흔들어 지어내는 생사와 소멸의 아릿하고 청아한 이 시속時俗은 눈물빛으로 이미 '별'을 일구어낸 아가雅歌다. 여기엔 '동굴 같은 입안으로 국수를 밀어 넣'는 허기신 현재의 시간과 '막내동생 오목한 입속으로 빨려들던 국수가락 끝/후루룩 별이 따라 들까봐 고개를 젖히던' 동화적인 토속의 시간이 서로 자연스럽게 얼굴을 마주하고 있다. 그리고 엄존하는 아버지, 세상의 한 버팀목인 아버지가 '논물에 찰랑찰랑 별을 담구고' 오는 어둑함이 있다. 그 엄존의 대상인 아버지조차 국숫발처럼 빨아들이는, 그러나 '어느 입으로 빨려 들'어 갔을까 뒤미처 바라보는 우멍한 눈빛의 외경畏敬이 있다. 살았던 토속의 시간과 살아가는 풍속의 시간이 한 하늘의 별을 궁

구하고 있는 것, 이것이 정현옥의 시속에서는 하나의 궁극적인 시속의 연대, 임계臨界가 사라진 눈물빛 서정의 완숙으로 돌올해진다.

아련한 기억 속의 토속을 현재적 삶의 풍속과 함께 진작하는 것은 그녀의 시가 지향하는 한 모토일 수가 있다. 적대적인 분별심과 경쟁의 구도에 내몰린 도시적 풍속의 만연과 위악들은 그녀가 눈썰미 좋게 발굴한 또 다른 완미한 풍속 안에서 완화되고 치유돼야 마땅하다. 그것은 토속의 창조적 수혈인 동시에 새로운 풍속의 창조라는 화두를 동시적으로 깨쳐나가는 시업일 것이다. '염소가 마루 위에서 / 주인을 내려다보' 는 자연은, 그것이 낡지 않은 천혜의 풍속으로 속악해진 세속을 맑게 품어나가는 재야在野의 기품이 되지 않을까 싶다. 그것이 그녀의 시들이 품는 오래된 전위前衛의 기풍임은 당연하다.

쫄깃쫄깃한 산닭이 산다는 집
수염이 수풀 같은 사내
염소가 먹다 남긴 배추를 씻어
김장을 한다
산닭은 산 채로 두고
염소 이빨자국이 안주다
산과 마주 앉아 대작을 했던가
너 몇 잔 마셨냐
벌겋게 단풍보고 묻기도 하는데

소백산 골짜기 산닭이 사는 집에는
염소가 마루 위에서
주인을 내려다보기도 한다

— 〈대작〉

미학의시선

띠알로 띠알로

초판 1쇄 : 2012년 3월 20일

지은이 정현옥
펴낸이 정현옥

발 행 처 도서출판 가림토
등록번호 서초 바00086
등록일자 2010년 12월 20일
출판사주소 서울시 서초구 서초3동 1558-19 402호
전화 070-223-2122, 011-423-5326
편집디자인 박기동 010-4412-9876

전자우편 symh2011@hanmail.net

ISBN 978-89-966780-1-4 03810

값 8,000원